ANGELIKA KIPP

AM LAUFENDEN BAND

NEUE IDEEN FÜR BANDORNAMENTE AUS TONPAPIER

frechverlag

Von der bekannten Autorin Angelika Kipp sind im frechverlag zahlreiche weitere beliebte Titel erschienen. Hier eine kleine Auswahl:

TOPP 2404

TOPP 2435

TOPP 2450

TOPP 2398

TOPP 2350

TOPP 2349

Zeichnungen: Berthold Kipp
Fotos: frechverlag GmbH + Co. Druck KG, 70499 Stuttgart;
Fotostudio Ullrich & Co., Renningen

Dieses Buch enthält:
2 Vorlagenbogen

Materialangaben und Arbeitshinweise in diesem Buch wurden von der Autorin und den Mitarbeitern des Verlags sorgfältig geprüft. Eine Garantie wird jedoch nicht übernommen. Autorin und Verlag können für eventuell auftretende Fehler oder Schäden nicht haftbar gemacht werden. Das Werk und die darin gezeigten Modelle sind urheberrechtlich geschützt. Die Vervielfältigung und Verbreitung ist, außer für private, nicht kommerzielle Zwecke, untersagt und wird zivil- und strafrechtlich verfolgt. Dies gilt insbesondere für eine Verbreitung des Werkes durch Film, Funk und Fernsehen, Fotokopien oder Videoaufzeichnungen sowie für eine gewerbliche Nutzung der gezeigten Modelle.

Auflage: 5. 4. 3. 2. 1. | Letzte Zahlen
Jahr: 2003 2002 2001 2000 1999 | maßgebend

© 1999

ISBN 3-7724-2477-5 · Best.-Nr. 2477

frechverlag GmbH + Co. Druck KG, 70499 Stuttgart
Druck: frechverlag GmbH + Co. Druck KG, 70499 Stuttgart

AM LAUFENDEN BAND

wirken die neuen Motive, die Sie in diesem Buch finden, einfach dekorativ und schmücken das ganze Fenster. Je nach Fensterbreite können Sie die Bandornamente breiter oder schmaler arbeiten.

Die Fertigung eines solchen Bandes ist dabei ganz kinderleicht: Das Tonpapier wird wie eine Ziehharmonika gefaltet, das Motiv per Transparentpapier übertragen und anschließend herausgeschnitten. Je nach Bedarf wird die Kette dann mit aufgesetzten Teilen gestaltet. So entstehen schnell und einfach, also am laufenden Band, einfarbige oder bunte Bandornamente.

Die schönen und lustigen Bänder begleiten und erfreuen Sie das ganze Jahr hindurch. Enten im Gänsemarsch, gefleckte Kühe, sportliche Frösche, friedliche Indianer, freundliche Gespenster und viele andere nette Motive werden sich an Ihrem Fenster wohl fühlen.

Die Wahl Ihres Lieblingsmotivs fällt Ihnen bei solch einer großen Auswahl sicher schwer, aber Ihre Wohnung hat bestimmt mehrere Fenster!

Viel Spaß beim Basteln wünscht
Angelika Kipp

ARBEITSMATERIAL

- Tonpapier in bunten Farben
- Transparentpapier
- Dünne Pappe
- Spitze Schere
- Bastelmesser (Cutter) mit geeigneter Schneideunterlage
- Weicher und harter Bleistift
- Lineal
- Klebestreifen
- Klebstoff, z. B. UHU Alleskleber
- Lochzange
- Heftklammern

TIPPS UND TRICKS

Exakte Faltkanten bei Tonpapier

Fahren Sie mit einer spitzen Schere unter Zuhilfenahme eines Lineals mit leichtem Druck über die spätere Faltstelle. Diese lässt sich dann leicht und exakt knicken.

Motivhöhe

Angaben zur Motivhöhe finden Sie bei jedem Bandornament.

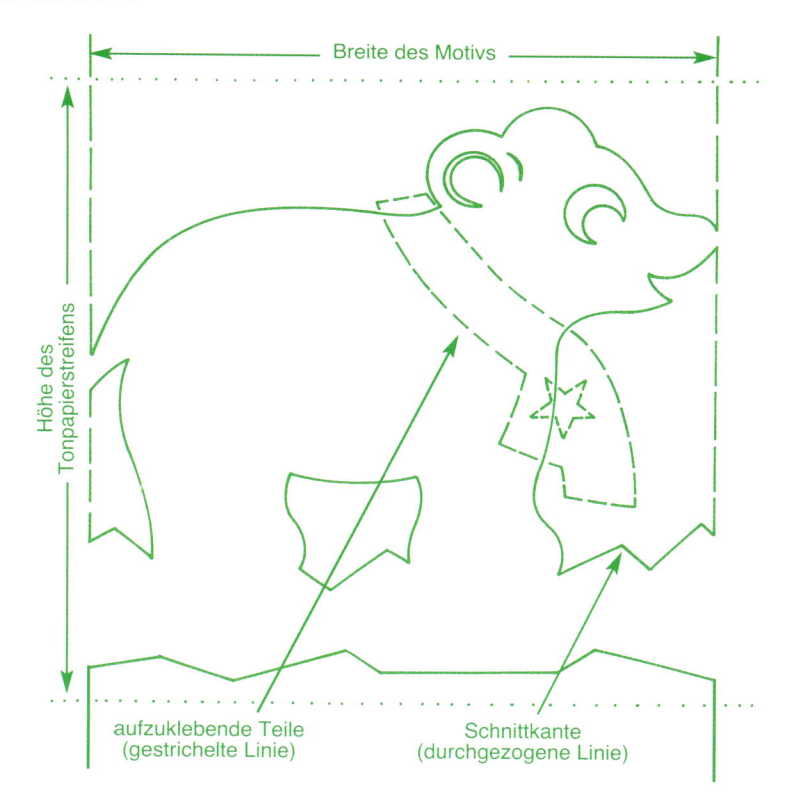

- Breite des Motivs
- Höhe des Tonpapierstreifens
- aufzuklebende Teile (gestrichelte Linie)
- Schnittkante (durchgezogene Linie)

SCHRITT FÜR SCHRITT ERKLÄRT

Bandornamente werden aus einem Streifen Tonpapier, der gefaltet wird, ausgeschnitten und teilweise mit einigen Accessoires geschmückt.

1. Legen Sie ein Transparentpapier auf das ausgewählte Motiv auf dem Vorlagenbogen und pausen Sie die Linien mithilfe eines weichen Bleistiftes ab.
Bei diesem Motiv werden der Schal und der Stern separat aufgezeichnet, da sie aus farbigem Tonpapier ausgeschnitten werden.

2. Mithilfe eines Lineals messen Sie die Höhe des Tonpapierstreifens und die Breite des ausgewählten Motivs (s. Vorlagenbogen) ab. Übertragen Sie diese Maße so häufig auf das Tonpapier, bis das Bandornament die gewünschte Länge erreicht.
Die Zeichnung auf Seite 4 erklärt Ihnen die Bedeutung der unterschiedlich gezeichneten Linien.

3. Mit einer spitzen Schere fahren Sie unter leichtem Druck über die späteren senkrechten Knickstellen - ein Lineal ist dabei der ideale Helfer. So lässt sich das Papier an dieser Stelle leicht und vor allem exakt falten.

4. Falten Sie das Papier ziehharmonikaartig, wobei das Deckblatt von links zu öffnen sein sollte.

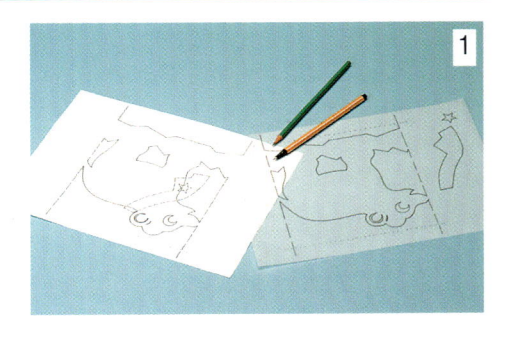

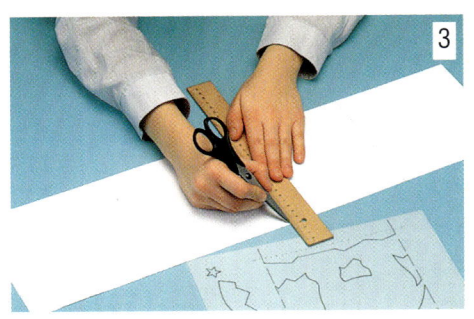

5. Nun legen Sie das Transparentpapier mit dem aufgezeichneten Motiv ganz exakt auf das passend gefaltete Tonpapier. Um ein Verrutschen des Transparentpapiers zu verhindern, heften Sie dieses am besten mit Klebestreifen auf der Arbeitsunterlage fest.

6. Die Konturen des Motivs werden nun mit einem spitzen, harten Bleistift unter leichtem Druck nachgefahren, damit die Formen in das Papier gedrückt werden. Falls Sie beim Schneiden die Linie nicht deutlich erkennen können, sollten Sie diese nochmals mit dem Bleistift nachzeichnen.

7. Heften Sie die Lagen des Papiers mit Heftklammern außerhalb des Motivs fest, damit beim Ausschneiden nichts verrutscht. Das Motiv wird mit einer spitzen Schere oder einem Bastelmesser herausgeschnitten. Kinder sollten eine Schere und keinen Cutter verwenden! Beim Ausschneiden von Innenlinien mit dem Cutter sollte ein Erwachsener helfen.

8. Nach dem Aufkleben der Einzelteile ist das Bandornament fertig!

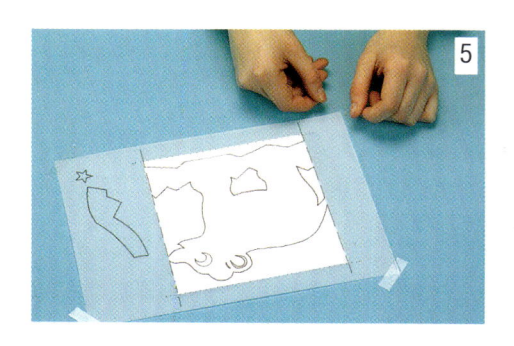

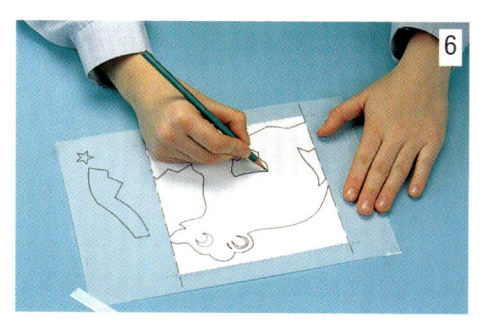

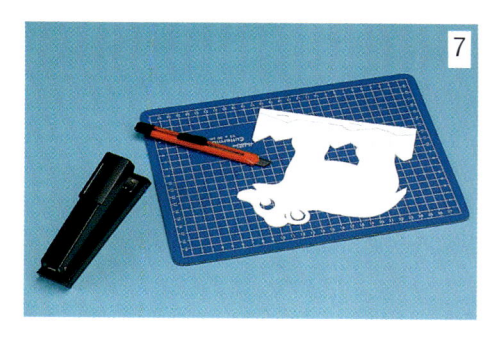

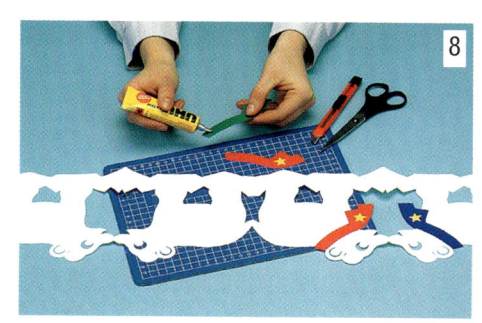

HALLO, MEIN SCHATZ!

· · · Motivhöhe ca. 16,5 cm · · ·

Auch ein Pinguinkind in Eis und Schnee braucht viel Zuwendung.

EISBÄREN-TREFF

· · · **Motivhöhe ca. 16 cm** · · ·

Wie gut, dass die Eisbären einen Schal mit je einem aufgesetzten Stern gegen die Kälte tragen.

DER FRÜHLING NAHT!

· · · **Motivhöhe ca. 16,5 cm** · · ·

Nach der langen Winterzeit müssen diese kleinen
Piepmätze viele Neuigkeiten austauschen.

FRÜHLINGSGEFÜHLE

··· **Motivhöhen:** ···
Tulpen mit aufgesetzten Blüten: **ca. 20 cm**
Hühner: **ca. 20 cm**

Wenn die Tulpen ihre bunten Blüten zur Sonne hin recken, sitzen die Hennen mit großer Ausdauer auf ihrem Gelege.

11

LAUTER FEDERVIEH

· · · Motivhöhen: · · ·
Ente mit Kind: **ca. 15 cm**
Enten im Gleichschritt: **ca. 14,5 cm**

Alle Tiere erhalten ihre Tücher bzw. die Schleifen,
die aufgeklebt werden.
Die Blüteninnenteile beim oberen Bandornament
und die Augen der marschierenden
Gänse werden mithilfe der Lochzange ausgestanzt.
Echt niedliche Bandornamente!

AUF DER FRÜHLINGSWIESE

··· **Motivhöhen:** ···
Blume mit Gießkanne: **ca. 14 cm**
Kuh: **ca. 14 cm**

Hier ist der Frühling mit fröhlichen Motiven und frischen Farben ausgebrochen.
Beim unteren Bandornament werden die Augen der Kuh, ihre Nasenöffnungen sowie das Blüteninnenteil mithilfe einer Lochzange ausgestanzt.

15

Willst du mit uns spielen?

··· **Motivhöhe ca. 18,5 cm** ···

Diese lustigen Vierbeiner tragen bunte Kappen.
Sie lieben es an Ihrem Fenster zu spielen.

Heute bläst ein starker Wind

· · · Motivhöhe beider Bandornamente ca. 17,5 cm · · ·

Wenn der Wind seine Backen dick aufbläst, dann macht die Segeltour erst richtig Spaß.
Beim unteren Bandornament werden die Segelboote einfach ins Wasser gesetzt.
Schiff ahoi!

ÜBER UND UNTER WASSER

··· Motivhöhen beider Bandornamente ca. 18 cm ···

Der grüne Frosch springt ins kühle Nass, während das Seepferdchen zwischen Muschel und Seestern lautlos umher schwebt. Die Nasenöffnungen der Frösche, das Punktemuster auf seiner Hose und die Augen der Seepferdchen werden mithilfe einer Lochzange ausgestanzt.

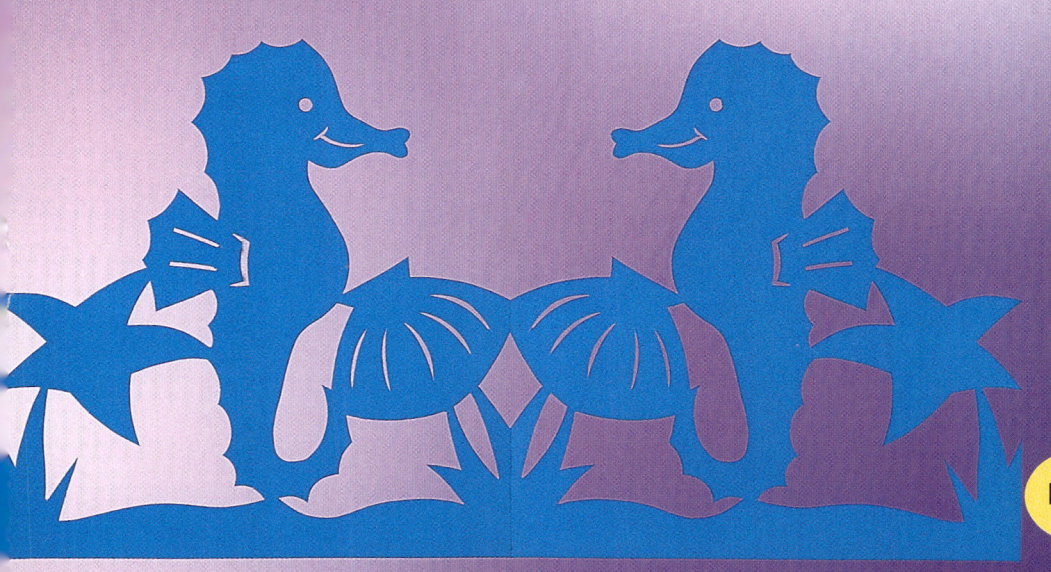

KAPRIOLEN IM MEER

· · · Motivhöhen: · · ·
Delfin: **ca. 15 cm**
Fischschwarm: **ca. 13 cm**

Während die Delfine ihre Kunststücke über Wasser vorführen, gleitet der Fischschwarm zwischen den Wasserpflanzen hindurch. Die Augen der Fische im Schwarm werden mithilfe einer Lochzange ausgestanzt.

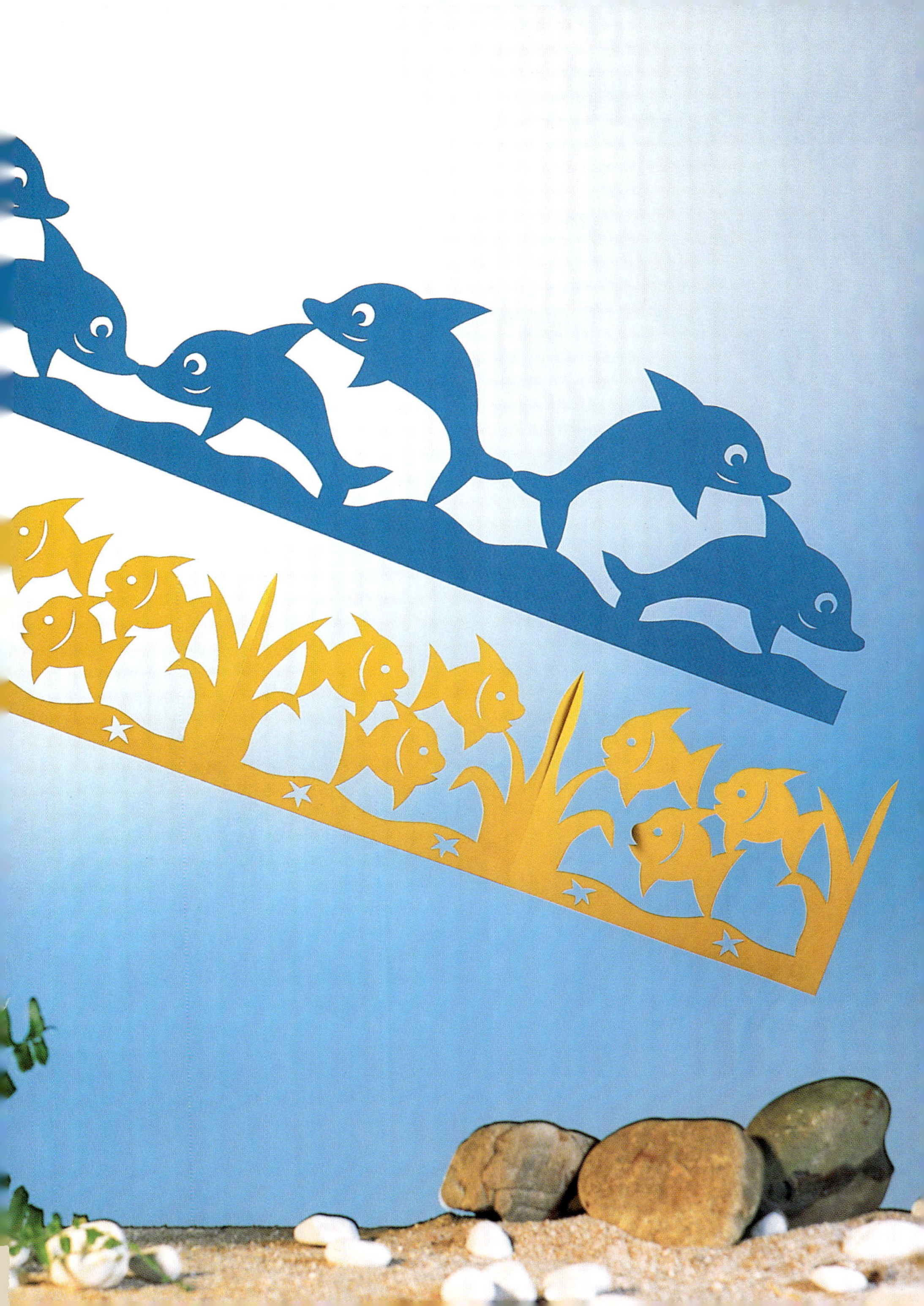

BÄRENTREFF

··· **Motivhöhen:** ···
Bären mit Herz: **ca. 16,5 cm**
Bärenkinder: **ca. 17 cm**

Nach langer Zeit ist endlich wieder ein Bärentreff anberaumt worden.
Wie schön, sich wieder zu sehen! Die Augen aller Bären
werden mithilfe einer Lochzange ausgestanzt. Die Bären erhalten
ihre Hosen und Halstücher. Einige halten ein leuchtend
rotes Herz zwischen ihren Pfoten.
Ob Sie wohl auch eines geschenkt bekommen?!

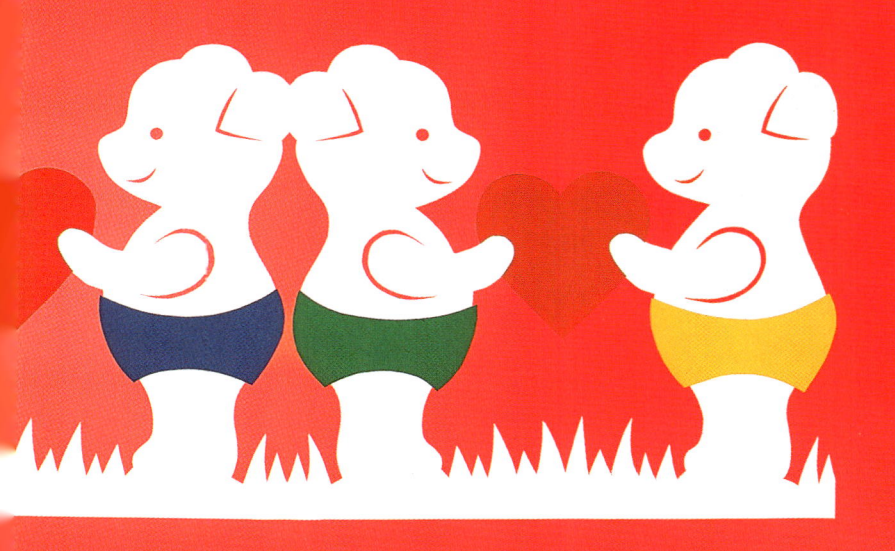

IM TAL DES ROTEN MANNES

· · · Motivhöhen: · · ·
Am Lagerfeuer: **ca. 20 cm**
Indianer mit Kaktus: **ca. 25 cm**

Manitu sei Dank sind in den Zelten des roten Mannes ruhige Zeiten angebrochen und die Friedenspfeife wird geraucht.
Die Augen und die Perlenketten beim unteren Bandornament werden mithilfe einer Lochzange ausgestanzt.

26

EXOTISCHE TIERE

· · · Motivhöhen: · · ·
Vogel: ca. 23 cm
Löwe: ca. 24,5 cm

Mit diesen beiden Tieren herrscht an Ihrem Fenster Urlaubsstimmung!

HERBSTZEIT

··· **Motivhöhen:** ···
Vogelscheuche: **ca. 23 cm**
Igel: **ca. 20,5 cm**

Nun beginnt die schönste und bunteste Jahreszeit: der Herbst! Die Augen der Vogelscheuche werden mithilfe einer Lochzange ausgestanzt.

STÜRMISCHE TAGE

· · · **Motivhöhe ca. 30 cm** · · ·

Wenn der Wind kräftig bläst, tanzen die
Drachen lustig über den Wolken.

GEISTERSTUNDE

· · · Motivhöhe mit Stern ca. 18 cm · · ·

Sobald die Dunkelheit herein bricht, werden diese Gesellen munter.
Die Augen werden mithilfe einer Lochzange ausgestanzt. Einige Sterne sind schon sichtbar.
Diese lustigen Gespenster wollen niemanden erschrecken, sondern nur aus Neugier bei Ihnen vorbei schauen!

NIKOLAUS MIT GEHILFEN

··· Motivhöhe samt Schneefläche und Stern ca. 21 cm ···

Anfang Dezember trifft sich der Nikolaus mit seinen Gehilfen um die weitere Terminplanung abzusprechen.
Die Männer in Rot erhalten ihre Bart- und Mützenteile sowie die Mantelfelle und den Pompon. Stellen Sie die Gesellen auf die Schneefläche, auf der einige Sterne liegen.
Ob die Nikoläuse auch zu Ihnen kommen?

Eine Weihnachtliche Girlande

··· **Motivhöhe Girlanden samt Kerzen ca. 21 cm** ···

Die Tannengirlande wird mit zweiteiligen Kerzen und
Päckchen sowie Sternen geschmückt.
Eine schöne Advents- und Weihnachtszeit!